Impressum
Verlag: BABADADA GmbH, Nedderfeld 112 , 22529 Hamburg
Geschäftsführer / Verlagsleitung: Harald Hof
Druck: Books on Demand GmbH, In de Tarpen 42, 22848 Norderstedt

Imprint
Publisher: BABADADA GmbH, Nedderfeld 112 , 22529 Hamburg, Germany
Managing Director / Publishing direction: Harald Hof
Print: Books on Demand GmbH, In de Tarpen 42, 22848 Norderstedt, Germany

ysgol
de school

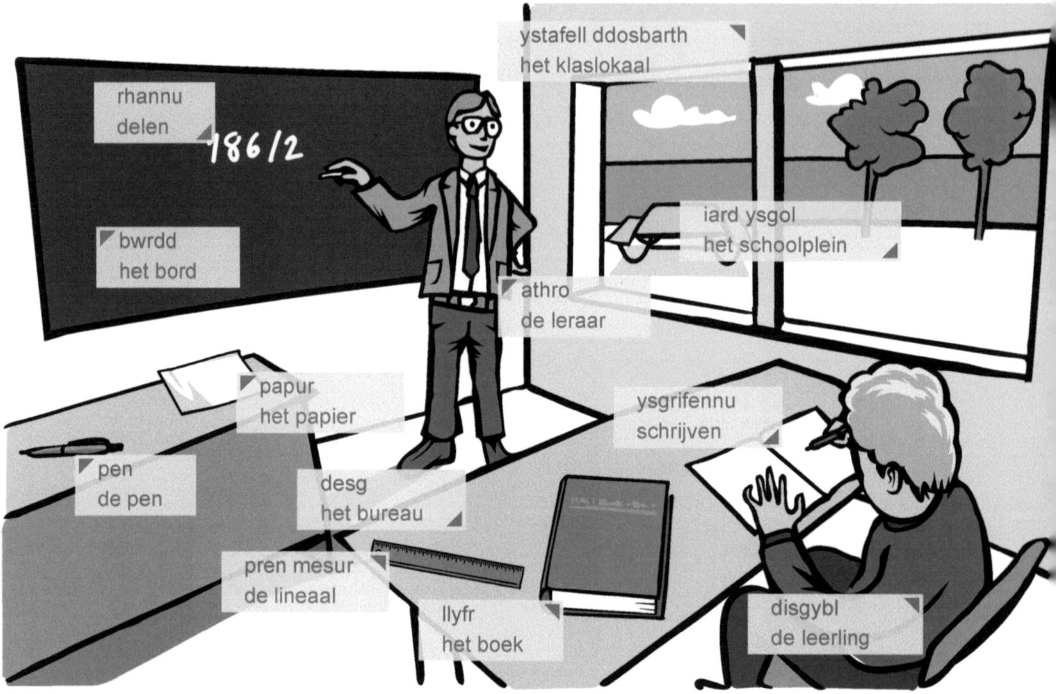

ystafell ddosbarth
het klaslokaal
rhannu
delen
186/2
iard ysgol
het schoolplein
bwrdd
het bord
athro
de leraar
papur
het papier
ysgrifennu
schrijven
pen
de pen
desg
het bureau
pren mesur
de lineaal
llyfr
het boek
disgybl
de leerling

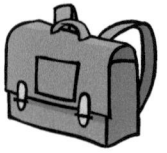

bag ysgol

de schooltas

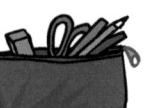

blwch penseli

de etui

pensil

het potlood

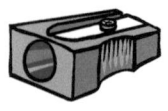

peth rhoi min ar bensil

de puntenslijper

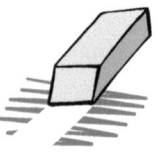

rwber

de gum

pad arlunio

het schetsblok

llun

de tekening

brws paent

het penseel

blwch paent

de verfdoos

siswrn

de schaar

glud

de lijm

llyfr ysgrifennu

het schrift

gwaith cartref

het huiswerk

12

rhif

het getal

2+2

ychwanegu

optellen

5-2

tynnu

aftrekken

2×2

lluosi

vermenigvuldigen

cyfrifo

rekenen

A

llythyren

de letter

ABCDEFG HIJKLMN OPQRSTU VWXYZ

gwyddor

het alfabet

gair

het woord

testun

de tekst

darllen

lezen

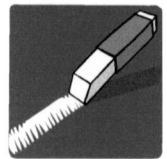

sialc

het krijt

gwers

de les

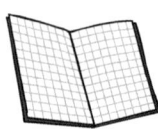

cofrestr

het klassenboek

arholiad

het examen

tystysgrif

het diploma

gwisg ysgol

het schooluniform

addysg

de opleiding

gwyddoniadur

de encyclopedie

prifysgol

de universiteit

microsgop

de microscoop

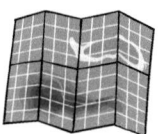

map

de kaart

basged papur gwastraff

de prullenmand

teithio
de reis

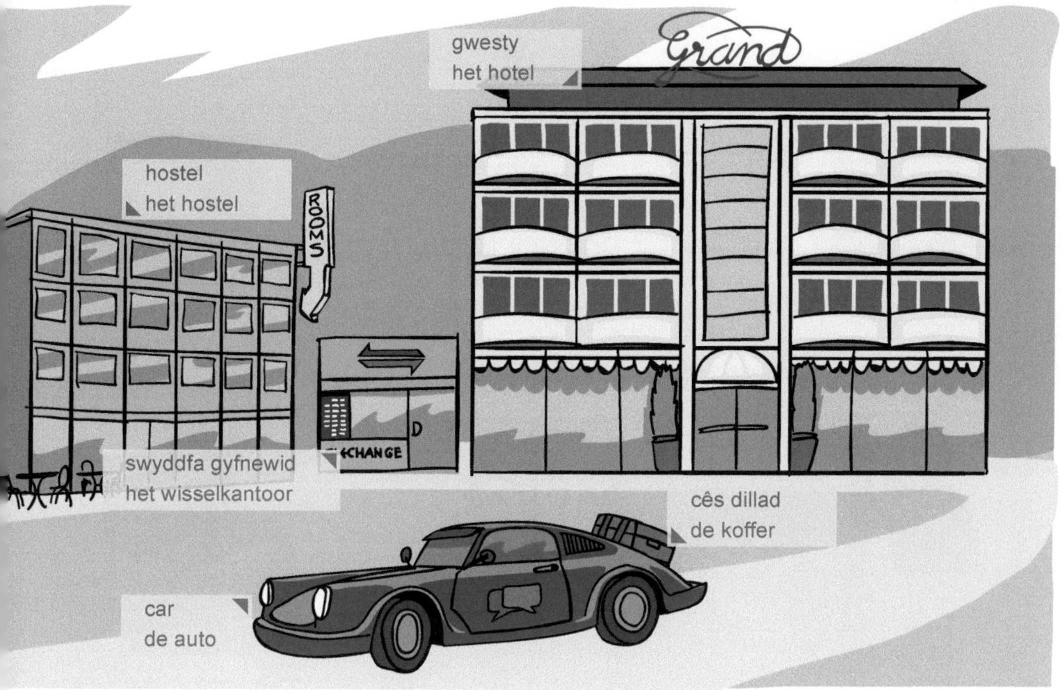

gwesty
het hotel
Grand
hostel
het hostel
ROOMS
swyddfa gyfnewid
het wisselkantoor
cês dillad
de koffer
car
de auto

iaith
....
de taal

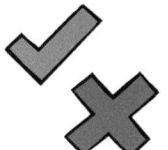

ie / na
....
ja / nee

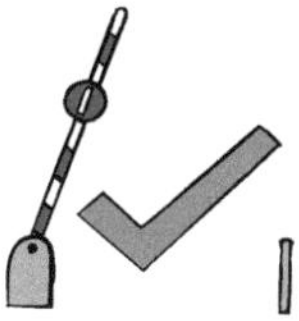

iawn
....
oké

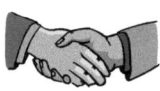

helo
....
Hallo!

cyfieithydd
....
de tolk

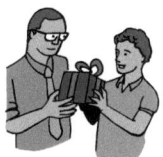

Diolch yn fawr
....
Bedankt.

faint yw ...?

Wat kost ...?

Dw i ddim yn deall

Ik begrijp het niet.

problem

het probleem

Noswaith dda!

Goedenavond!

Bore da!

Goedemorgen!

Nos da!

Goedenacht!

hwyl

Tot ziens!

cyfarwyddyd

de richting

bagiau

de bagage

bag

de tas

gwarbac

de rugzak

gwestai

de gast

ystafell

de kamer

sach gysgu

de slaapzak

pabell

de tent

gwybodaeth i ymwelwyr

het VVV-kantoor

traeth

het strand

cerdyn credyd

de creditkaart

brecwast

het ontbijt

cinio

de lunch

swper

het diner

tocyn

het kaartje

lifft

de lift

stamp

de postzegel

ffin

de grens

tollau

de douane

llysgenhadaeth

de ambassade

fisa

het visum

pasbort

het paspoort

cludiant

het transport

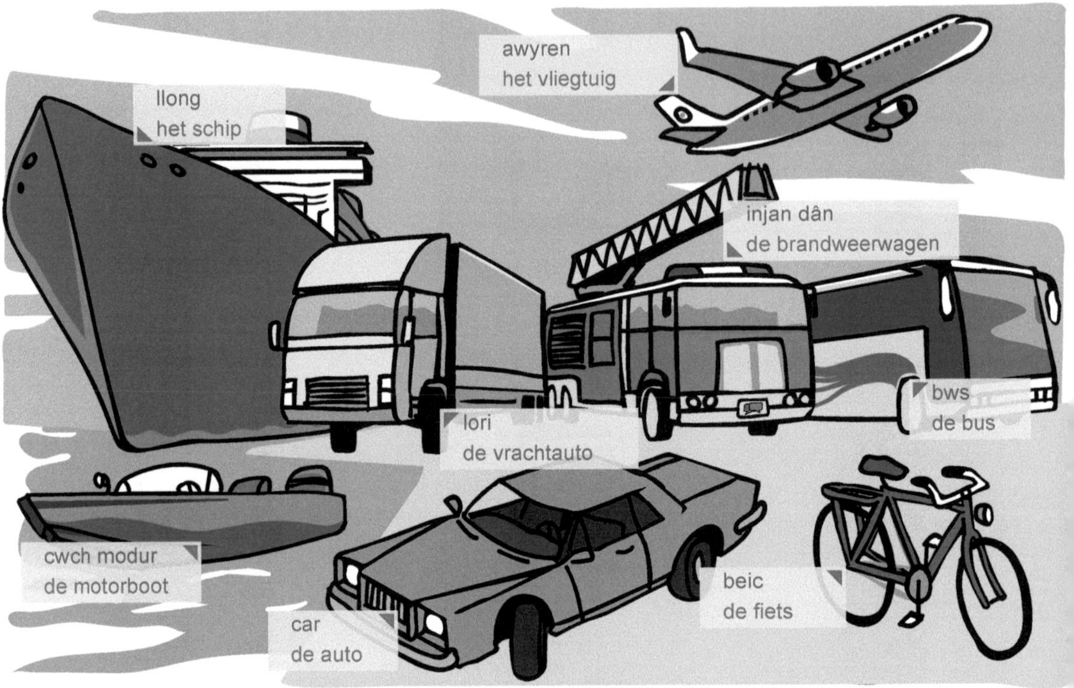
awyren
het vliegtuig
llong
het schip
injan dân
de brandweerwagen
bws
de bus
lori
de vrachtauto
cwch modur
de motorboot
beic
de fiets
car
de auto

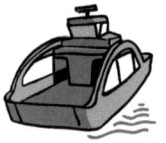

fferi

de veerboot

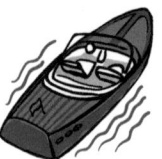

cwch

de boot

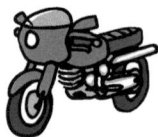

beic modur

de motorfiets

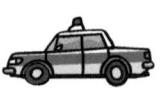

car yr heddlu

de politiewagen

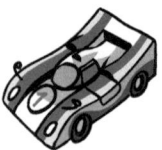

car rasio

de raceauto

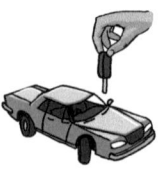

car wedi'i rentu

de huurauto

rhannu car

de carsharing

lori tynnu

de takelwagen

lori ysbwriel

de vuilniswagen

modur

de motor

tanwydd

de benzine

gorsaf betrol

de benzinepomp

arwydd traffig

het verkeersbord

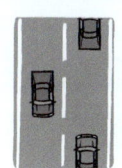

traffig

het verkeer

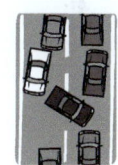

tagfa draffig

de file

maes parcio

de parkeerplaats

gorsaf drennau

het station

traciau

de rails

trên

de trein

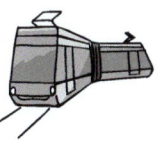

tram

de tram

wagen

de wagon

hofrennydd

de helikopter

maes awyr

de luchthaven

twr

de toren

teithiwr

de passagier

cynhwysydd

de container

paced

de verhuisdoos

cert

de kar

basged

de mand

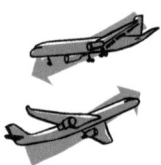

esgyn / glanio

opstijgen / landen

dinas

de stad

pentref

het dorp

canol y ddinas

het stadscentrum

tŷ

het huis

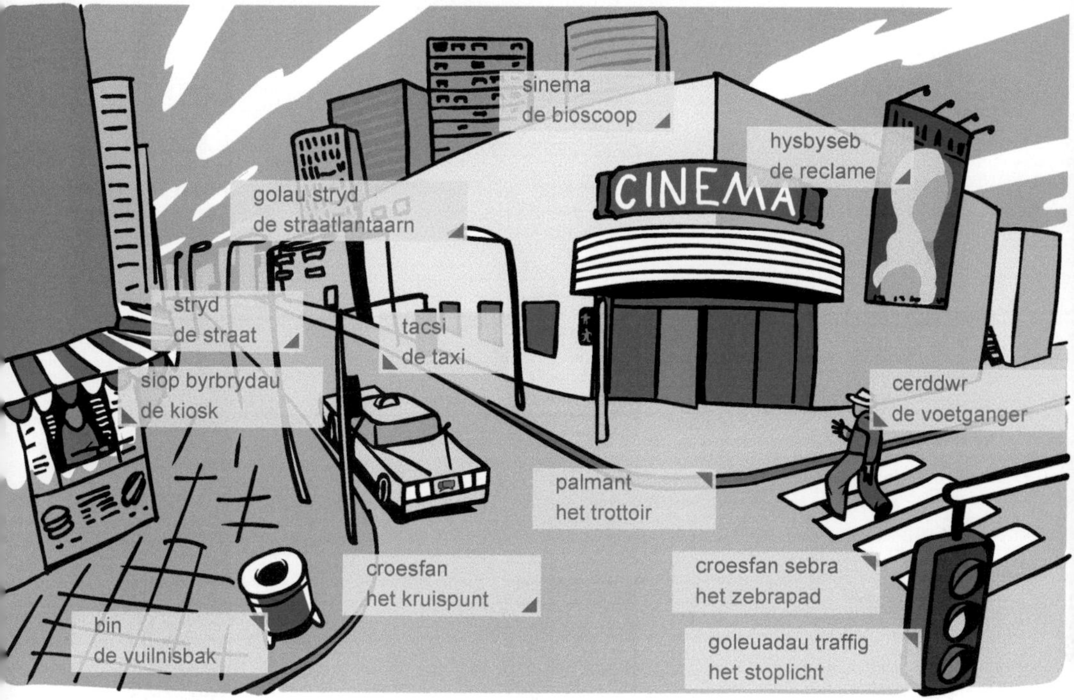

sinema
de bioscoop

hysbyseb
de reclame

golau stryd
de straatlantaarn

CINEMA

stryd
de straat

tacsi
de taxi

siop byrbrydau
de kiosk

cerddwr
de voetganger

palmant
het trottoir

croesfan
het kruispunt

croesfan sebra
het zebrapad

bin
de vuilnisbak

goleuadau traffig
het stoplicht

cwt
de hut

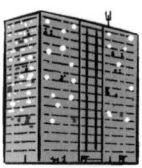

fflat
het appartement

gorsaf drennau
het station

neuadd y dref
het stadhuis

amgueddfa
het museum

ysgol
de school

prifysgol

de universiteit

banc

de bank

ysbyty

het ziekenhuis

gwesty

het hotel

fferyllfa

de apotheek

swyddfa

het kantoor

siop lyfrau

de boekenwinkel

siop

de winkel

siop flodau

de bloemenwinkel

archfarchnad

de supermarkt

farchnad

de markt

siop adrannol

het warenhuis

siop bysgod

de visboer

canolfan siopa

het winkelcentrum

harbwr

de haven

parc

het park

banc

de bank

pont

de brug

grisiau

de trap

rheilffordd danddaearol

de metro

twnnel

de tunnel

safle bws

de bushalte

bar

de bar

bwyty

het restaurant

blwch post

de brievenbus

arwydd stryd

het straatnaambord

mesurydd parcio

de parkeermeter

sŵ

de dierentuin

pwll nofio

het zwembad

mosg

de moskee

fferm
de boerderij

llygredd
de vervuiling

mynwent
de begraafplaats

eglwys
de kerk

maes chwarae
de speelplaats

teml
de tempel

tirwedd
het landschap

deilen
het blad

arwydd cyfeirio
de wegwijzer

ffordd
de weg

dôl
de weide

carreg
de steen

coeden
de boom

heiciwr
de wandelaar

afon
de rivier

glaswellt
het gras

blodyn
de bloem

cwm

de vallei

bryn

de berg

llyn

het meer

coedwig

het bos

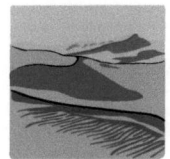

anialwch

de woestijn

llosgfynydd

de vulkaan

castell

het kasteel

enfys

de regenboog

madarchen

de paddenstoel

palmwydden

de palmboom

mosgito

de mug

pryf

de vlieg

morgrugyn

de mier

gwenyn

de bij

pryf copyn

de spin

chwilen

de kever

llyffant

de kikker

gwiwer

de eekhoorn

draenog

de egel

ysgyfarnog

de haas

tylluan

de uil

aderyn

de vogel

alarch

de zwaan

baedd

het wild zwijn

carw

het hert

elc

de eland

argae

de stuwdam

tyrbin gwynt

de windmolen

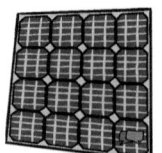

panel haul

het zonnepaneel

hinsawdd

het klimaat

bwyty
het restaurant

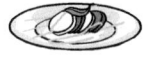

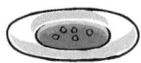

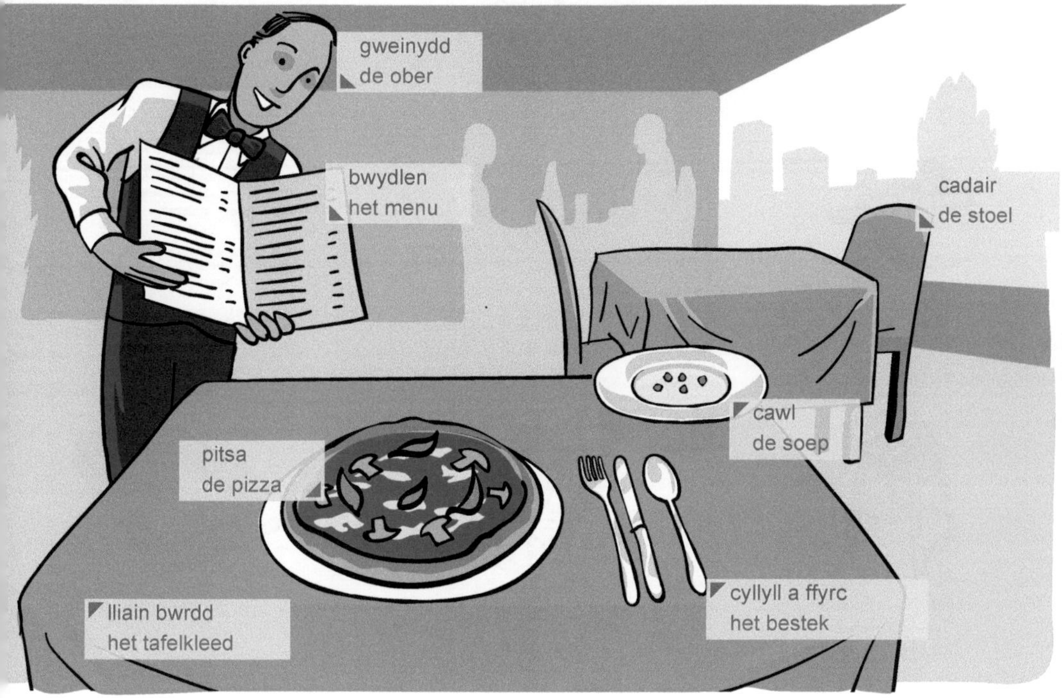
gweinydd
de ober
bwydlen
het menu
cadair
de stoel
cawl
de soep
pitsa
de pizza
lliain bwrdd
het tafelkleed
cyllyll a ffyrc
het bestek

cwrs cyntaf

het voorgerecht

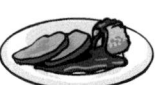

prif gwrs

het hoofdgerecht

pwdin

het toetje

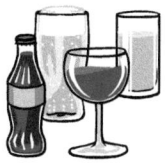

diodydd

de dranken

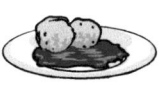

bwyd

het eten

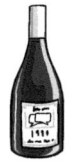

potel

de fles

bwyd cyflym

de/het fastfood

bwyd y stryd

het eetkraampje

tebot

de theepot

powlen siwgr

de suikerpot

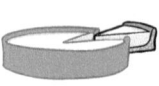

dogn

de portie

peiriant espresso

de espressomachine

cadair plentyn

de kinderstoel

bil

de rekening

hambwrdd

het dienblad

cyllell

het mes

fforc

de vork

llwy

de lepel

llwy de

de theelepel

napcyn

het servet

gwydr

het glas

plât

het bord

plât cawl

het soepbord

soser

de schotel

saws

de saus

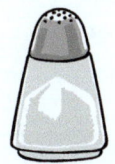

pot halen

het zoutvaatje

melin bupur

de pepermolen

finegr

de azijn

olew

de olie

sbeisys

de kruiden

saws coch

de ketchup

mwstard

de mosterd

mayonnaise

de mayonaise

archfarchnad
de supermarkt

cynnig arbennig
de aanbieding
FOR
cwsmer
de klant
cynnyrch llaeth
de zuivelproducten
ffrwythau
het fruit
troli
de winkelwagen

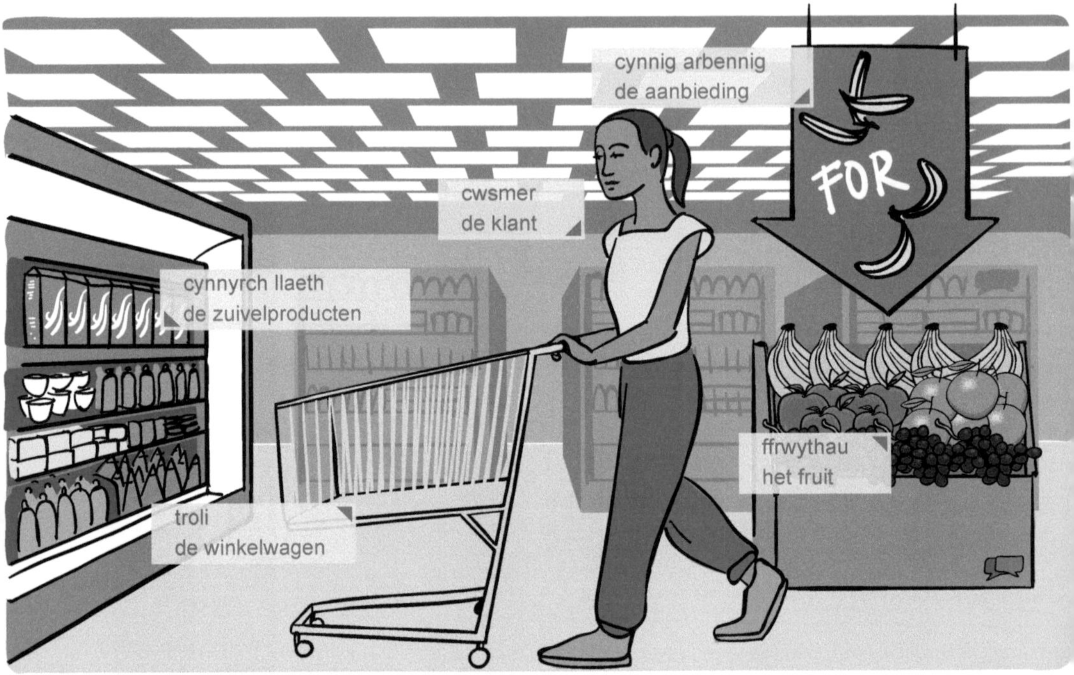

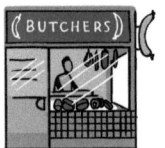

BUTCHERS

siop gig

de slager

BAKERY

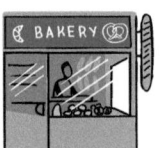

siop fara

de bakkerij

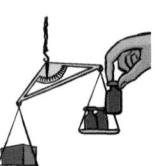

pwyso

wegen

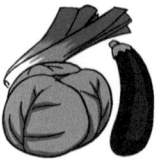

llysiau

de groente

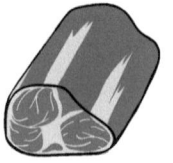

cig

het vlees

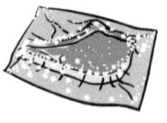

Bwyd wedi'i rewi

de diepvriesproducten

cig oer

de vleeswaren

bwyd tun

de conserven

powdr golchi

het wasmiddel

da-da

het snoepgoed

cynnyrch cartref

de huishoudelijke artikelen

cynhyrchion glanhau

het schoonmaakmiddel

gwerthwraig

de verkoopster

til

de kassa

ariannwr

de kassier

rhestr siopa

het boodschappenlijstje

oriau agor

de openingstijden

waled

de portefeuille

cerdyn credyd

de creditkaart

bag

de tas

bag plastig

de plastic zak

dŵr

het water

sudd

het sap

llefrith

de melk

côc

de cola

gwin

de wijn

cwrw

het bier

alcohol

de alcohol

coco

de chocolademelk

te

de thee

coffi

de koffie

espresso

de espresso

cappuccino

de cappuccino

ffrwchledd

de banaan

afal

de appel

oren

de sinaasappel

melon

de watermeloen

lemwn

de citroen

moronen

de wortel

garlleg

de knoflook

bambŵ

de bamboe

nionyn

de ui

madarchen

de paddenstoel

cnau

de noten

nwdls

de pasta

sbageti

de spaghetti

reis

de rijst

salad

de salade

sglodion

de friet

tatws wedi'u ffrïo

de gebakken aardappelen

pitsa

de pizza

hambyrger

de hamburger

brechdan

de sandwich

cytled

de schnitzel

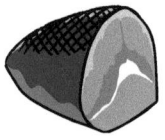

ham

de ham

salami

de salami

selsig

de worst

cyw iâr

de kip

rhost

het gebraad

pysgodyn

de vis

ceirch uwd

de havermout

miwsli

de muesli

creision ŷd

de cornflakes

blawd

het meel

croissant

de croissant

bynsen

de broodjes

bara

het brood

tost

de toast

bisgedi

de koekjes

menyn

de boter

ceuled

de kwark

teisen

de taart

wy

het ei

wy wedi'i ffrïo

het gebakken ei

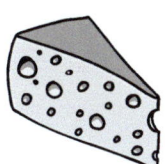

caws

de kaas

hufen iâ

het ijs

siwgr

de suiker

mêl

de honing

jam

de jam

siocled taenu

de chocoladepasta

cyri

de kerrie

fferm

de boerderij

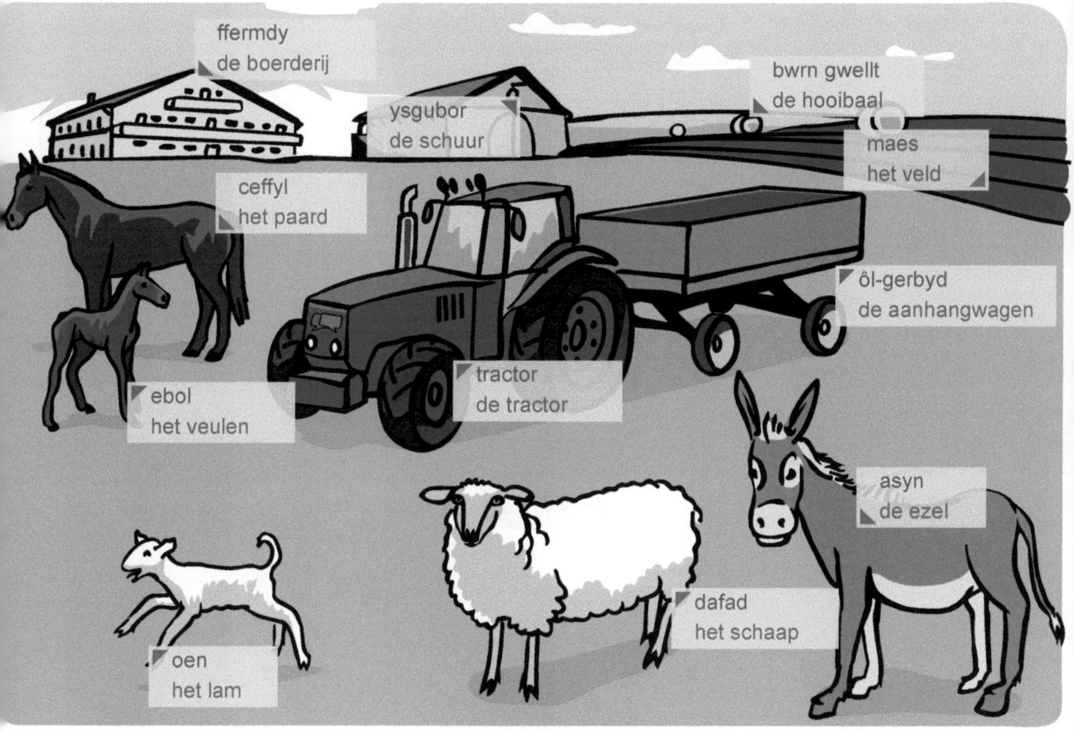
ffermdy
de boerderij
ysgubor
de schuur
bwrn gwellt
de hooibaal
maes
het veld
ceffyl
het paard
ôl-gerbyd
de aanhangwagen
tractor
de tractor
ebol
het veulen
asyn
de ezel
dafad
het schaap
oen
het lam

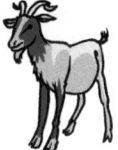

gafr

de geit

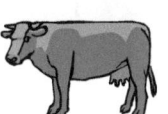

buwch

de koe

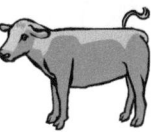

llo

het kalf

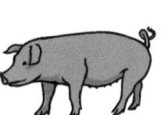

mochyn

het varken

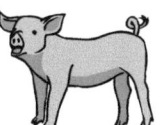

porchell

de big

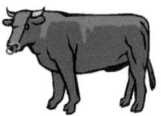

tarw

de stier

gwydd

de gans

hwyaden

de eend

cyw

het kuiken

iâr

de kip

ceiliog

de haan

llygoden fawr

de rat

cath

de kat

llygoden

de muis

ych

de os

ci

de hond

cwt ci

het hondenhok

pibell ddŵr

de tuinslang

can dŵr

de gieter

pladur

de zeis

aradr

de ploeg

cryman

de sikkel

fforch chwynu

de schoffel

picwarch

de hooivork

bwyell

de bijl

berfa

de kruiwagen

cafn

de trog

tun llefrith

de melkbus

sach

de zak

ffens

het hek

stabl

de stal

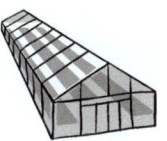

tŷ gwydr

de broeikas

pridd

de grond

hedyn

het zaad

gwrtaith

de mest

dyrnwr medi

de maaidorser

cynaeafu

oogsten

cynhaeaf

de oogst

iamau

de yam

gwenith

de tarwe

soi

de soja

tysen

de aardappel

grawn

de maïs

had rêp

het koolzaad

coeden ffrwythau

de fruitboom

manioc

de maniok

grawnfwydydd

de granen

tŷ
het huis

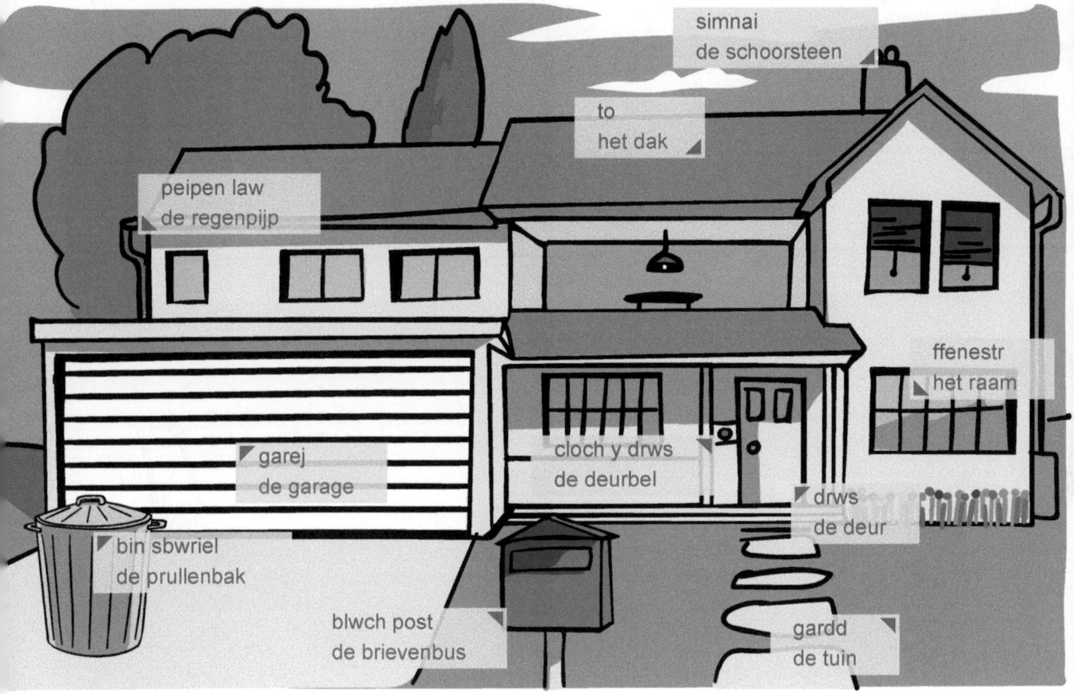
simnai
de schoorsteen
to
het dak
peipen law
de regenpijp
ffenestr
het raam
garej
de garage
cloch y drws
de deurbel
drws
de deur
bin sbwriel
de prullenbak
blwch post
de brievenbus
gardd
de tuin

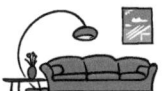

lolfa

de woonkamer

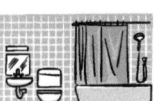

ystafell ymolchi

de badkamer

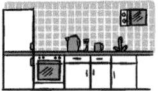

cegin

de keuken

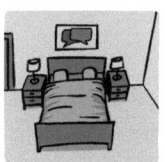

ystafell wely

de slaapkamer

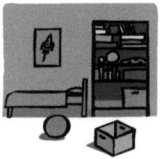

ystafell plentyn

de kinderkamer

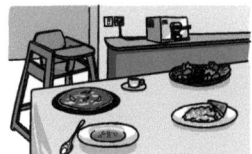

ystafell fwyta

de eetkamer

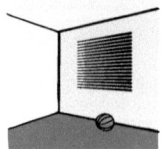

llawr

de vloer

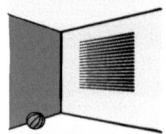

wal

de muur

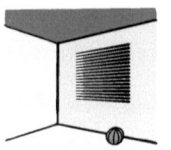

nenfwd

het plafond

seler

de kelder

sawna

de sauna

balconi

het balkon

teras

het terras

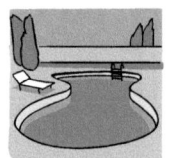

pwll

het zwembad

peiriant torri gwair

de grasmaaier

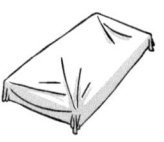

taflen

het laken

gorchudd gwely

de bedsprei

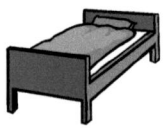

gwely

het bed

ysgub

de bezem

bwced

de emmer

swits

de schakelaar

de woonkamer

papur wal
het behang

llun
de foto

lamp
de lamp

silff
de plank

cwpwrdd
de kast

lle tân
de open haard

teledu
de televisie

blodyn
de bloem

clustog
het kussen

soffa
het bankstel

fâs
de vaas

rheolydd o bell
de afstandsbediening

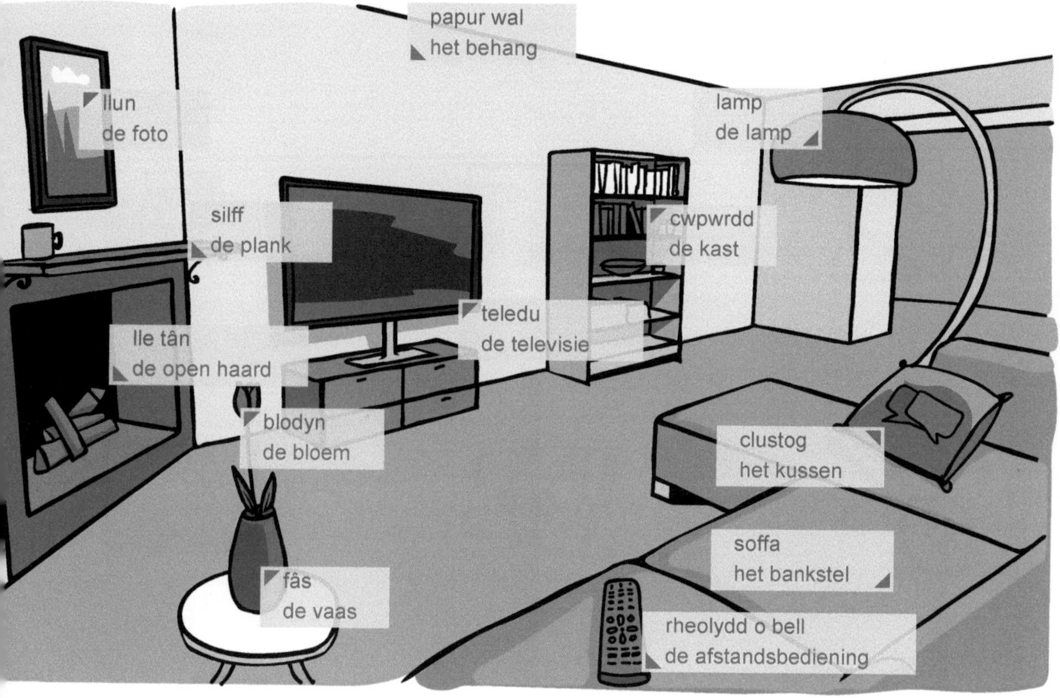

carped
....
het tapijt

llen
....
het gordijn

bwrdd
....
de tafel

cadair
....
de stoel

cadair siglo
....
de schommelstoel

cadair freichiau
....
de stoel

llyfr

het boek

blanced

de deken

addurn

de decoratie

coed tân

het brandhout

ffilm

de film

hi-fi

de stereo-installatie

agoriad

de sleutel

papur newydd

de krant

darlun

het schilderij

poster

de poster

radio

de radio

llyfr nodiadau

het kladblok

hwfer

de stofzuiger

cactws

de cactus

cannwyll

de kaars

cegin
de keuken

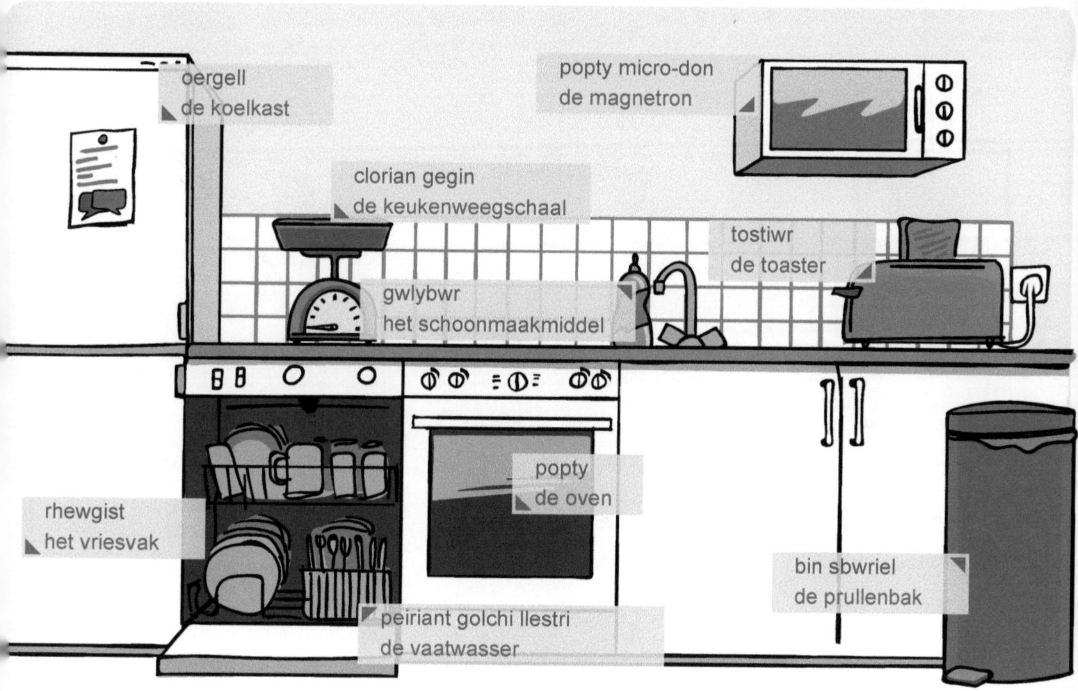
oergell
de koelkast
popty micro-don
de magnetron
clorian gegin
de keukenweegschaal
tostiwr
de toaster
gwlybwr
het schoonmaakmiddel
popty
de oven
rhewgist
het vriesvak
bin sbwriel
de prullenbak
peiriant golchi llestri
de vaatwasser

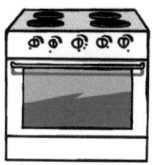

popty
het fornuis

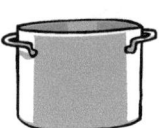

pot
de pan

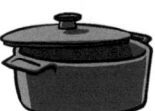

pot haearn bwrw
de gietijzeren pan

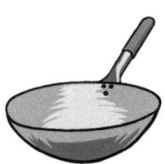

wok / kadai
de wok / kadai

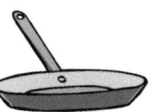

padell
de koekenpan

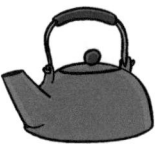

tegell
de ketel

sosban stemio

de stoomkoker

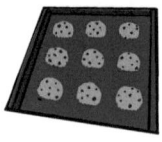

hambwrdd pobi

de bakplaat

llestri

het servies

mwg

de beker

powlen

de kom

gweill bwyta

de eetstokjes

lletwad

de soeplepel

ysbodol

de spatel

chwisg

de garde

hidlydd

het vergiet

gogr

de zeef

gratiwr

de rasp

morter

de vijzel

barbeciw

de barbecue

tân agored

de vuurhaard

bwrdd torri cig

de snijplank

rholbren

de deegroller

tynnwr corcyn

de kurkentrekker

tun

het blik

peth agor tuniau

de blikopener

clwt pot

de pannenlap

sinc

de wasbak

brws

de borstel

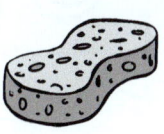

sbwng

de spons

peiriant cymysgu

de blender

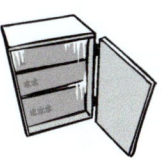

rhewgell

de vriezer

potel babi

het babyflesje

tap

de kraan

ystafell ymolchi
de badkamer

gwres
de verwarming
tywel
de handdoek
cawod
de douche
llen gawod
het douchegordijn
baddon ewyn
het bubbelbad
baddon
het bad
gwydr
het glas
peiriant golchi
de wasmachine
tap
de kraan
teils
de tegels
potyn
het potje
sinc
de wasbak

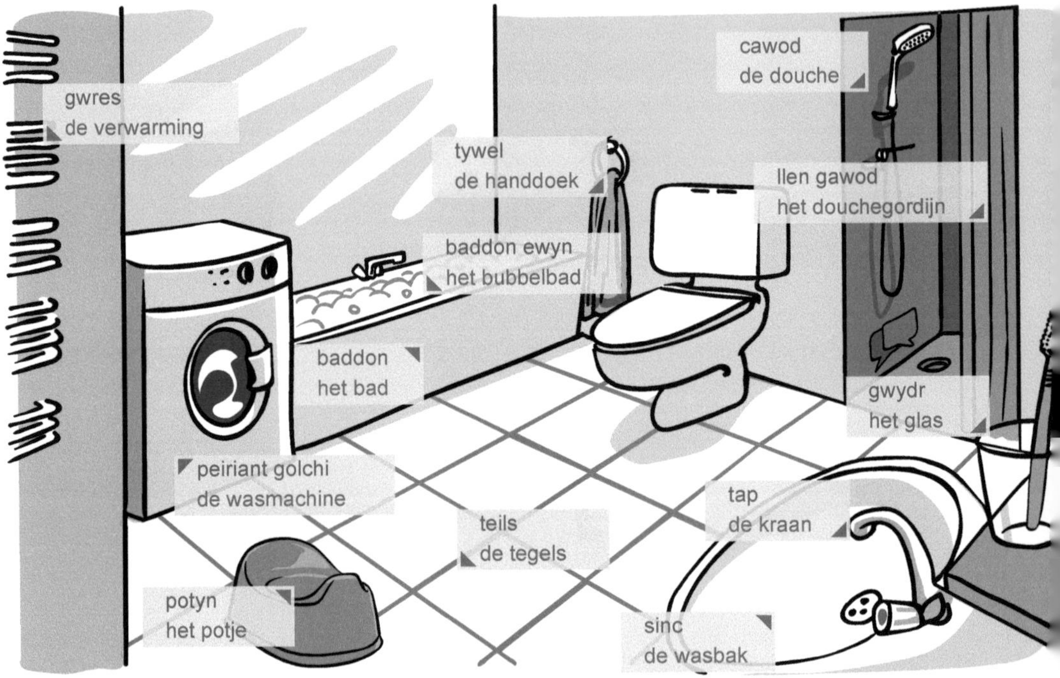

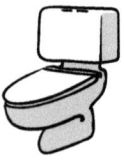

tŷ bach

het toilet

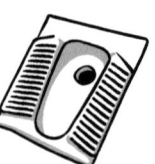

toiled cyrcydu

het hurktoilet

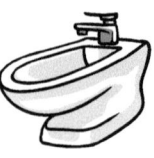

bidet

de/het bidet

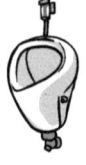

troethfa

het urinoir

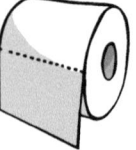

papur tŷ bach

het toiletpapier

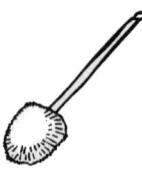

brws tŷ bach

de toiletborstel

brws dannedd

de tandenborstel

past dannedd

de tandpasta

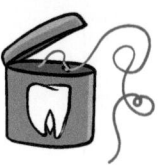

edau ddannedd

het flosdraad

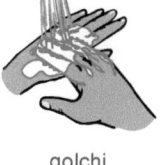

golchi

wassen

cawod llaw

de handdouche

golchfa

de toiletdouche

basn

de waskom

brws-ôl

de rugborstel

sebon

de zeep

gel cawod

de douchegel

siampŵ

de shampoo

gwlanen

het washandje

ffos

de afvoer

hufen

de creme

diaroglydd

de deodorant

drych

de spiegel

drych llaw

de make-upspiegel

rasel

het scheermes

ewyn eillio

het scheerschuim

sent eillio

de aftershave

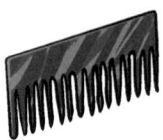

crib

de kam

brws

de borstel

sychwr gwallt

de haardroger

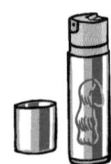

chwistrell gwallt

de haarspray

colur

de make-up

minlliw

de lippenstift

farnais ewinedd

de nagellak

gwlân cotwm

de watten

siswrn ewinedd

het nagelschaartje

persawr

de/het parfum

bag ymolchi

de toilettas

stôl

de kruk

clorian

de weegschaal

gŵn baddon

de badjas

menig rwber

de rubber handschoenen

tampon

de tampon

tywel misglwyf

het maandverband

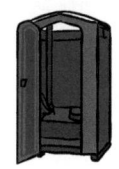

toiled cemegol

het chemisch toilet

ystafell plentyn
de kinderkamer

cloc larwm
de wekker
tegan anwes
het knuffeldier
car tegan
de speelgoedauto
cleciwr
de rammelaar
tŷ dol
het poppenhuis
anrheg
het cadeau

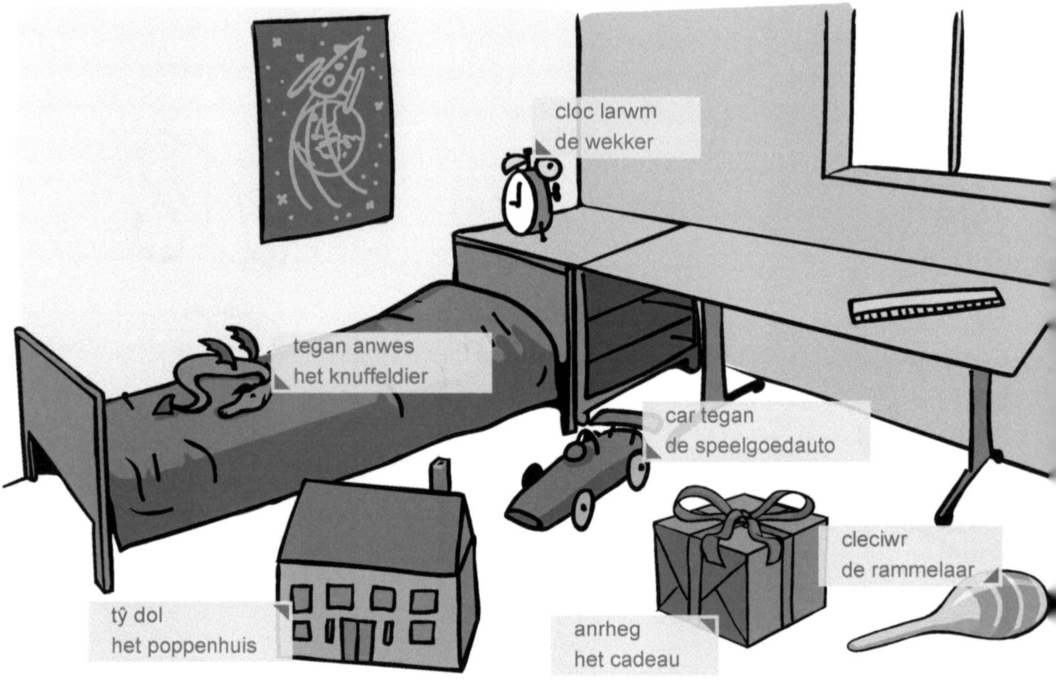

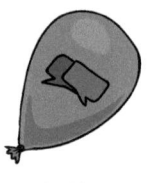

balŵn

de ballon

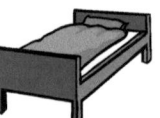

gwely

het bed

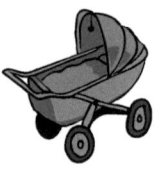

pram

de kinderwagen

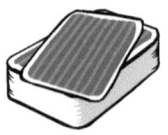

pecyn o gardiau

het kaartspel

jig-so

de puzzel

SUPER
MEGA

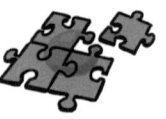

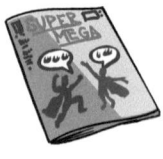

comic

het stripverhaal

brics Lego
....
de legostenen

blociau adeiladu
....
de speelgoedblokken

ffigur gweithredu
....
het actiefiguurtje

babygro
....
de romper

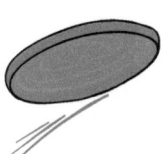

ffrisbi
....
de frisbee

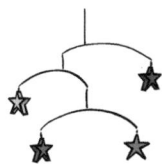

ffôn symudol
....
de/het mobile

gêm fwrdd
....
het bordspel

deis
....
de dobbelsteen

set model trên
....
de modeltrein

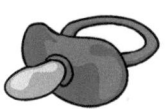

teth lwgu
....
de speen

parti
....
het feestje

llyfr lluniau
....
het prentenboek

pêl
....
de bal

dol
....
de pop

chwarae
....
spelen

pwll tywod

de zandbak

swing

de schommel

teganau

het speelgoed

consol gemau fideo

de spelcomputer

beic tair olwyn

de driewieler

tedi

de teddybeer

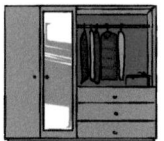

cwpwrdd dillad

de kleerkast

dillad

de kleding

hosanau

de sokken

hosanau

de kousen

teits

de panty

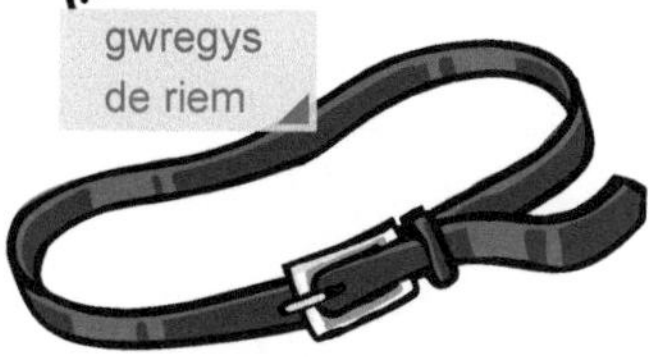

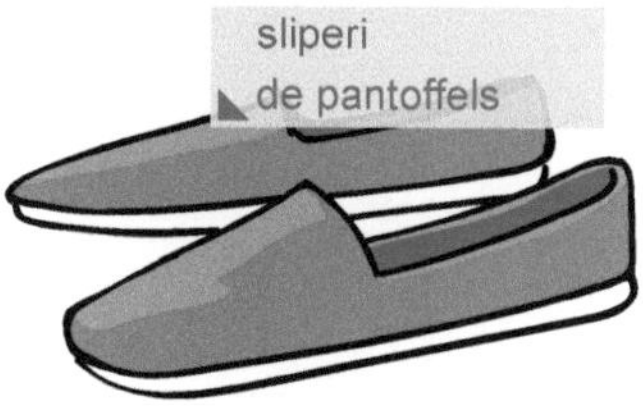

sgarff
de sjaal

ymbarél
de paraplu

gwregys
de riem

crys-t
het T-shirt

esgidiau
de laarzen

sliperi
de pantoffels

esidiau ymarfer
de sportschoenen

sandalau
de sandalen

esgidiau
de schoenen

esgidiau rwber
de rubberlaarzen

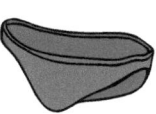

trôns
de onderbroek

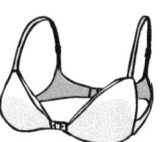

bra
de beha

fest
het onderhemd

corff

de body

trowsus

de broek

jîns

de spijkerbroek

sgert

de rok

blows

de blouse

crys

het overhemd

pwlofer

de trui

hwdi

de hoody

blaser

de blazer

siaced

de jas

côt

de mantel

côt law

de regenjas

gwisg

het kostuum

gŵn

de jurk

gwisg briodas

de trouwjurk

siwt

het pak

gŵn nos

het nachthemd

pyjamas

de pyjama

sari

de sari

sgarff pen

de hoofddoek

tyrban

de tulband

bwrca

de boerka

cafftan

de kaftan

abaya

de abaja

gwisg nofio

het zwempak

trowsus nofio

de zwembroek

siorts

de korte broek

tracwisg

het trainingspak

ffedog

de/het schort

menig

de handschoenen

botwm

de knoop

sbectol

de bril

breichled

de armband

cadwyn

de ketting

modrwy

de ring

clustdlws

de oorbel

cap

de pet

cambren

de kledinghanger

het

de hoed

tei

de stropdas

sip

de rits

helmed

de helm

fframiau danedd

de bretels

gwisg ysgol

het schooluniform

gwisg

het uniform

bib

het slabbetje

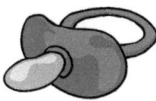

teth lwgu

de speen

cewyn

de luier

swyddfa
het kantoor

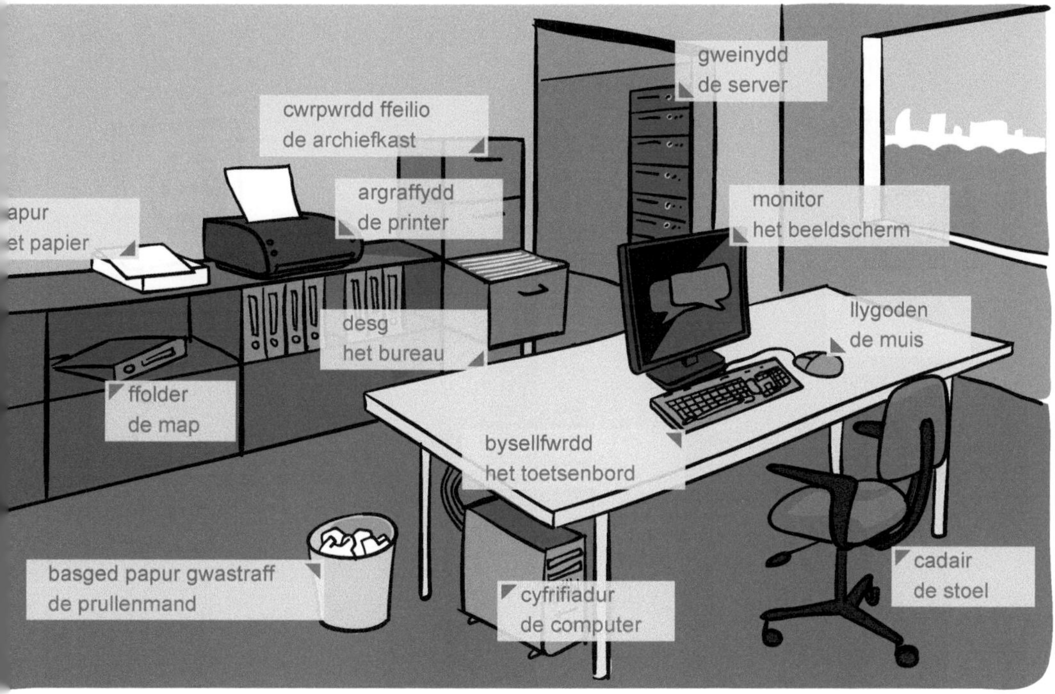

gweinydd
de server

cwrpwrdd ffeilio
de archiefkast

argraffydd
de printer

monitor
het beeldscherm

apur
et papier

desg
het bureau

llygoden
de muis

ffolder
de map

bysellfwrdd
het toetsenbord

basged papur gwastraff
de prullenmand

cyfrifiadur
de computer

cadair
de stoel

mwg coffi

de koffiemok

cyfrifiannell

de rekenmachine

rhyngrwyd

het internet

gliniadur

de laptop

llythyr

de brief

neges

het bericht

ffôn symudol

de mobiele telefoon

rhwydwaith

het netwerk

llungopïwr

de kopieermachine

meddalwedd

de software

teleffon

de telefoon

soced plwg

het stopcontact

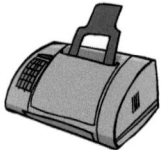

peiriant ffacs

de fax

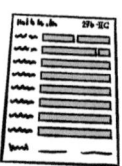

ffurflen

het formulier

dogfen

het document

prynu

kopen

talu

betalen

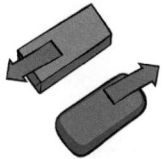

masnachu

handel drijven

arian

het geld

doler

de dollar

ewro

de euro

yen

de yen

rwbl

de roebel

ffranc y Swistir

de Zwitserse frank

yuan renminbi

de renminbi yuan

rwpi

de roepie

peiriant arian

de geldautomaat

swyddfa gyfnewid

het wisselkantoor

aur

het goud

arian

het zilver

olew

de olie

ynni

de energie

pris

de prijs

contract

het contract

treth

de belasting

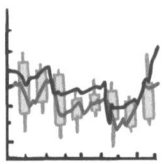

stoc

het aandeel

gweithio

werken

cyflogai

de werknemer

cyflogwr

de werkgever

ffatri

de fabriek

siop

de winkel

swyddi
de beroepen

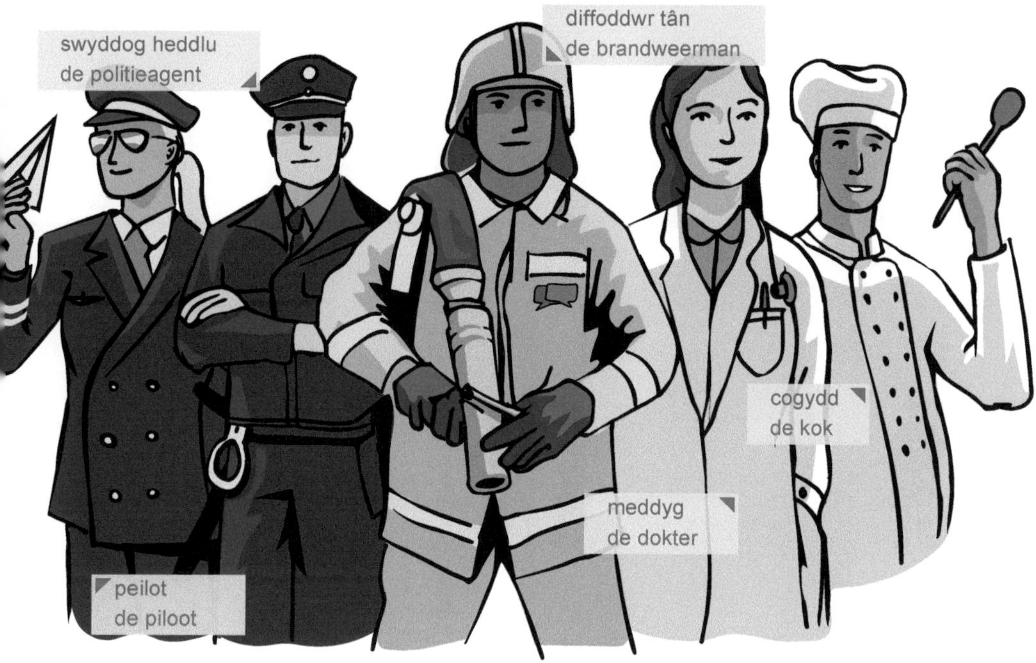
swyddog heddlu
de politieagent
diffoddwr tân
de brandweerman
cogydd
de kok
meddyg
de dokter
peilot
de piloot

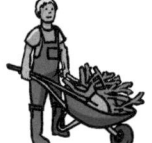

garddwr

de tuinman

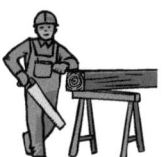

saer

de timmerman

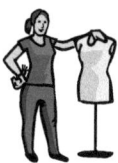

gwniadwraig

de naaister

barnwr

de rechter

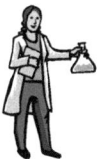

fferyllydd

de scheikundige

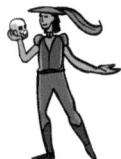

actor

de toneelspeler

gyrrwr bws

de buschauffeur

gyrrwr tacsi

de taxichauffeur

pysgotwr

de visser

glanhawraig

de schoonmaakster

töwr

de dakdekker

gweinydd

de ober

heliwr

de jager

paentiwr

de schilder

pobydd

de bakker

trydanwr

de elektricien

adeiladwr

de bouwvakker

peiriannydd

de ingenieur

cigydd

de slager

plymiwr

de loodgieter

dyn y post

de postbode

swyddi - de beroepen

milwr

de soldaat

pensaer

de architect

ariannwr

de kassier

gwerthwr blodau

de bloemist

triniwr gwallt

de kapper

archwiliwr tocynnau
rheilffordd

de conducteur

mecanydd

de monteur

capten

de kapitein

deintydd

de tandarts

gwyddonydd

de wetenschapper

rabi

de rabbi

imam

de imam

mynach

de monnik

clerigwr

de pastoor

offer
het gereedschap

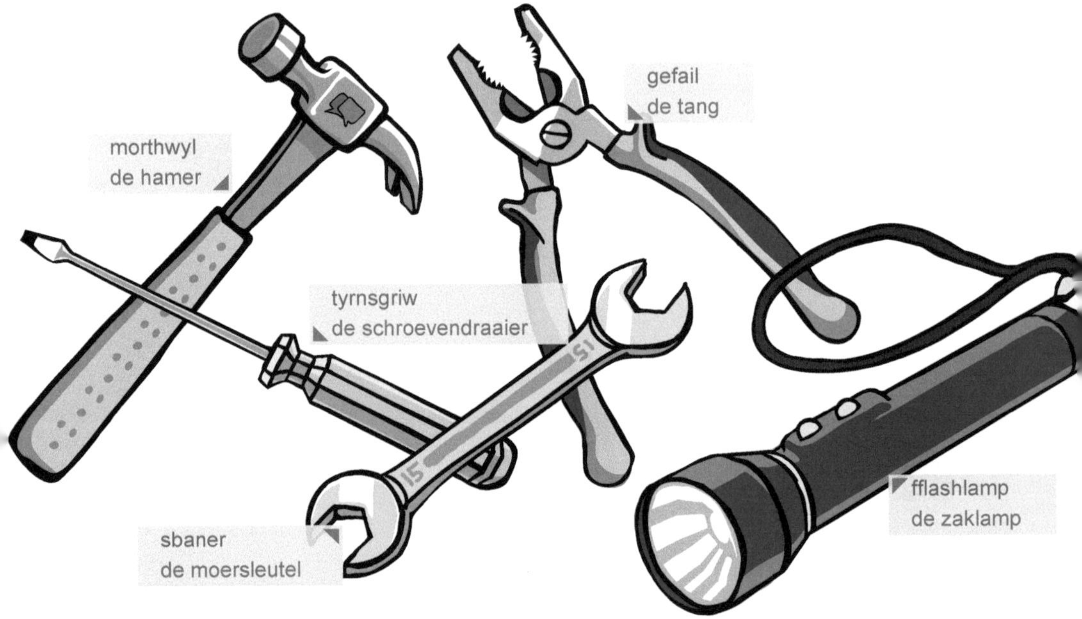
gefail
de tang
morthwyl
de hamer
tyrnsgriw
de schroevendraaier
fflashlamp
de zaklamp
sbaner
de moersleutel

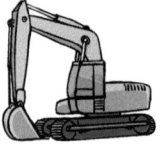

turiwr
de graafmachine

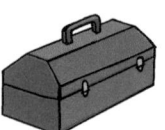

blwch offer
de gereedschapskist

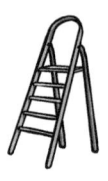

ysgol
de ladder

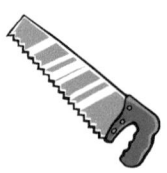

llif
de zaag

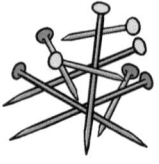

hoelion
de spijkers

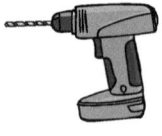

dril
de boor

trwsio

repareren

rhaw

de schep

Daria!

Verdorie!

rhaw lwch

het stofblik

pot paent

de verfpot

sgriwiau

de schroeven

offerynnau cerdd
de muziekinstrumenten

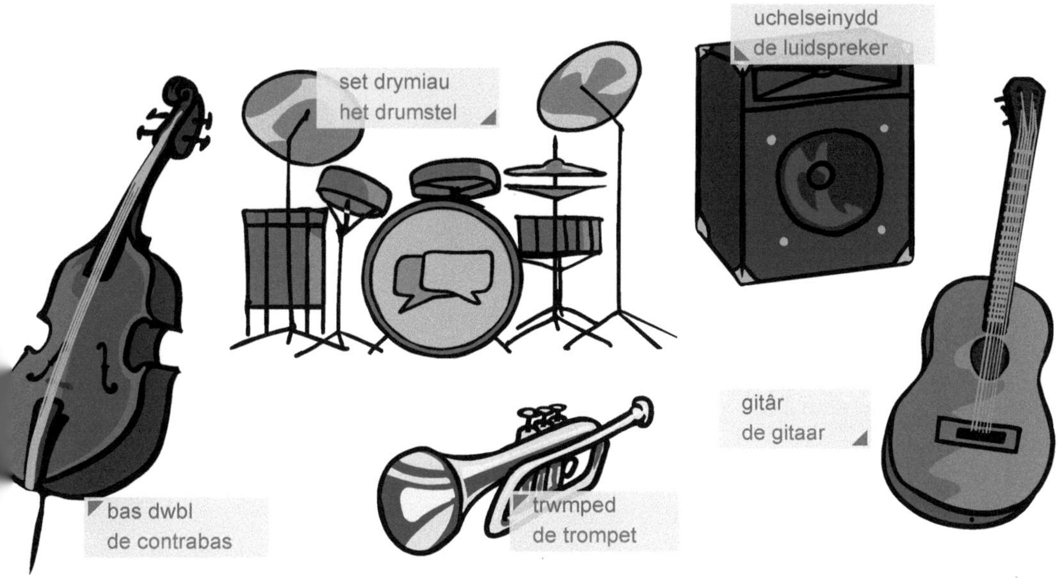

uchelseinydd
de luidspreker

set drymiau
het drumstel

gitâr
de gitaar

bas dwbl
de contrabas

trwmped
de trompet

piano

de piano

ffidil

de viool

bas

de bas

timpani

de pauk

drymiau

de trommel

cyweirfwrdd

het keyboard

sacsoffon

de saxofoon

ffliwt

de fluit

meicroffon

de microfoon

sŵ

de dierentuin

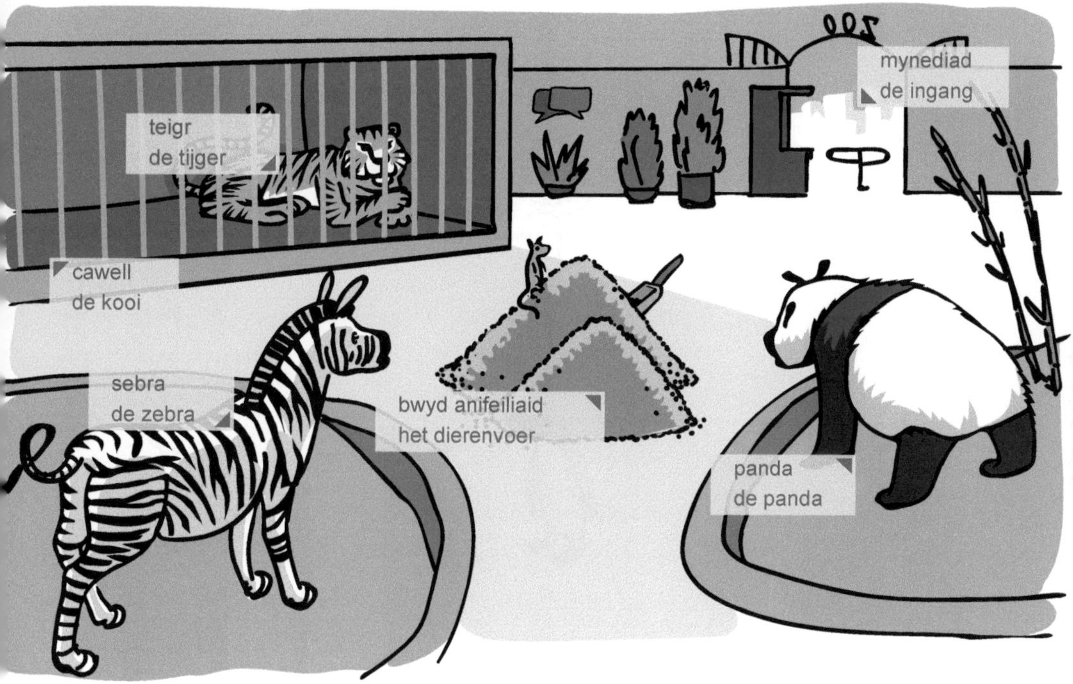

mynediad
de ingang
teigr
de tijger
cawell
de kooi
sebra
de zebra
bwyd anifeiliaid
het dierenvoer
panda
de panda

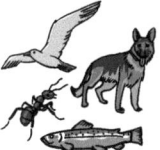

anifeiliaid

de dieren

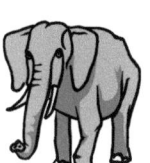

eliffant

de olifant

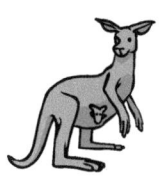

cangarŵ

de kangoeroe

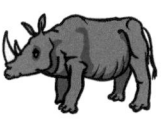

rhinoseros

de neushoorn

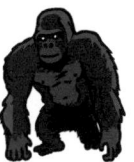

gorila

de gorilla

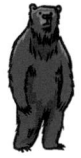

arth

de beer

camel

de kameel

estrys

de struisvogel

llew

de leeuw

mwnci

de aap

fflamingo

de flamingo

parot

de papegaai

arth wen

de ijsbeer

pengwin

de pinguïn

siarc

de haai

paun

de pauw

neidr

de slang

crocodeil

de krokodil

gofalwr sŵ

de dierenverzorger

morlo

de zeehond

jagwar

de jaguar

merlyn

de pony

llewpard

de/het luipaard

hipo

het nijlpaard

jiráff

de giraffe

eryr

de adelaar

baedd

het wild zwijn

pysgodyn

de vis

crwban

de schildpad

walrws

de walrus

llwynog

de vos

gafrewig

de gazelle

pêl-droed America
American football

beicio
wielrennen

tennis
tennis

pêl-fasged
basketbal

nofio
zwemmen

hoci iâ
ijshockey

bocsio
boksen

pêl-droed
voetbal

badminton
badminton

athletau
atletiek

pêl-law
handbal

sgïo
skiën

polo
polo

gweithgareddau
de activiteiten

chwerthin
lachen
neidio
springen
cofleidio
knuffelen
cerdded
lopen
canu
zingen
breuddwydio
dromen
gweddïo
bidden
cusanu
kussen

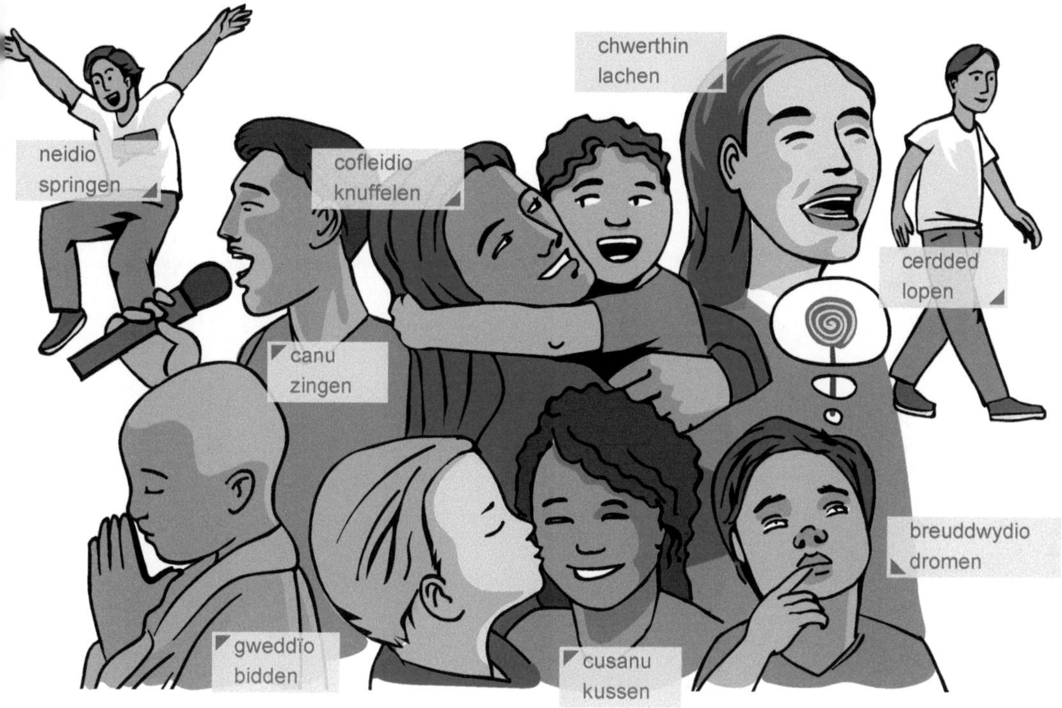

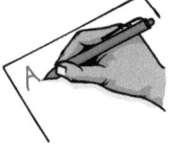

ysgrifennu

schrijven

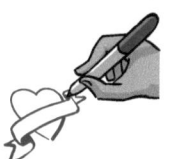

tynnu

tekenen

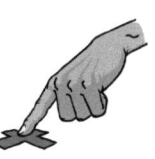

dangos

tonen

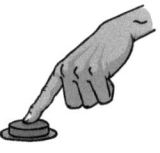

gwthio

duwen

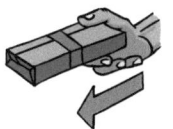

rhoi

geven

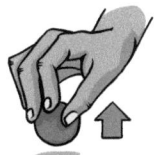

cymryd

oppakken

bod gan

hebben

gwneud

doen

bod

zijn

sefyll

staan

rhedeg

rennen

tynnu

trekken

taflu

gooien

disgyn

vallen

gorwedd

liggen

aros

wachten

cario

dragen

eistedd

zitten

gwisgo amdanoch

aankleden

cysgu

slapen

deffro

wakker worden

edrych ar

bekijken

crïo

huilen

anwesu

strelen

cribo

kammen

siarad

praten

deall

begrijpen

gofyn

vragen

gwrando

horen

yfed

drinken

bwyta

eten

tacluso

opruimen

caru

houden van

coginio

koken

gyrru

rijden

hedfan

vliegen

hwylio

zeilen

cyfrifo

rekenen

darllen

lezen

dysgu

leren

gweithio

werken

priodi

trouwen

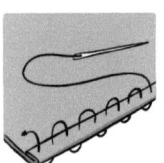

gwnïo

naaien

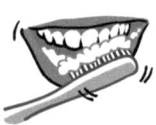

brwsio dannedd

tandenpoetsen

lladd

doden

ysmygu

roken

anfon

verzenden

teulu
de familie

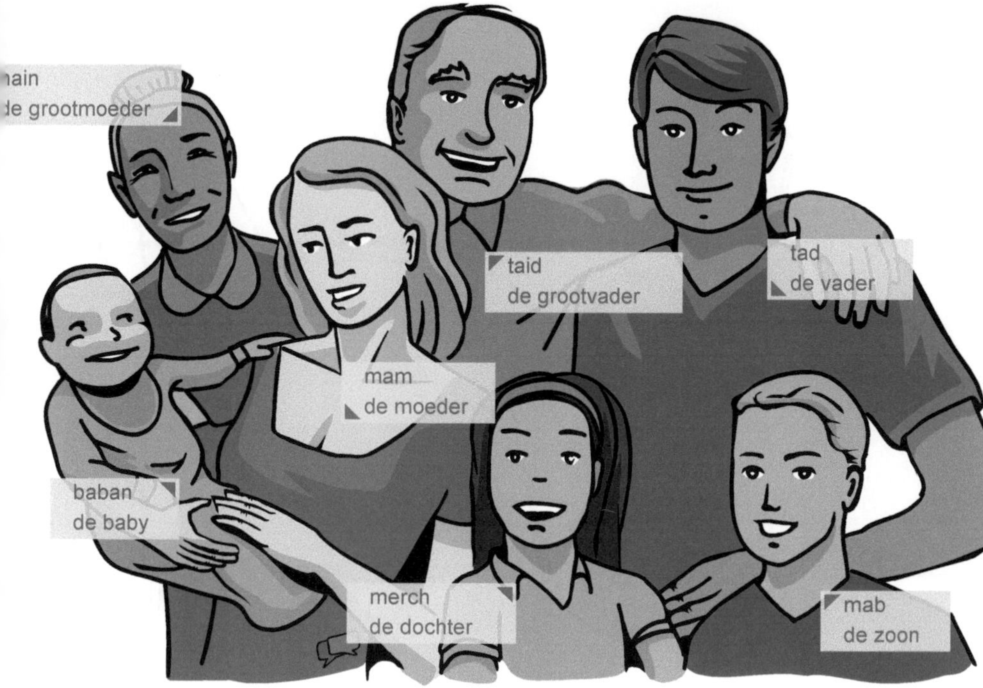

ain
de grootmoeder
taid
de grootvader
tad
de vader
mam
de moeder
baban
de baby
merch
de dochter
mab
de zoon

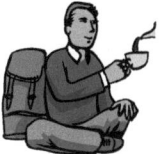

gwestai

de gast

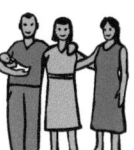

modryb

de tante

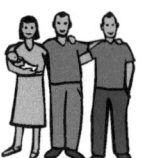

ewythr

de oom

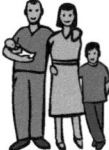

brawd

de broer

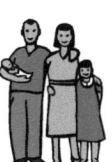

chwaer

de zus

corff

het lichaam

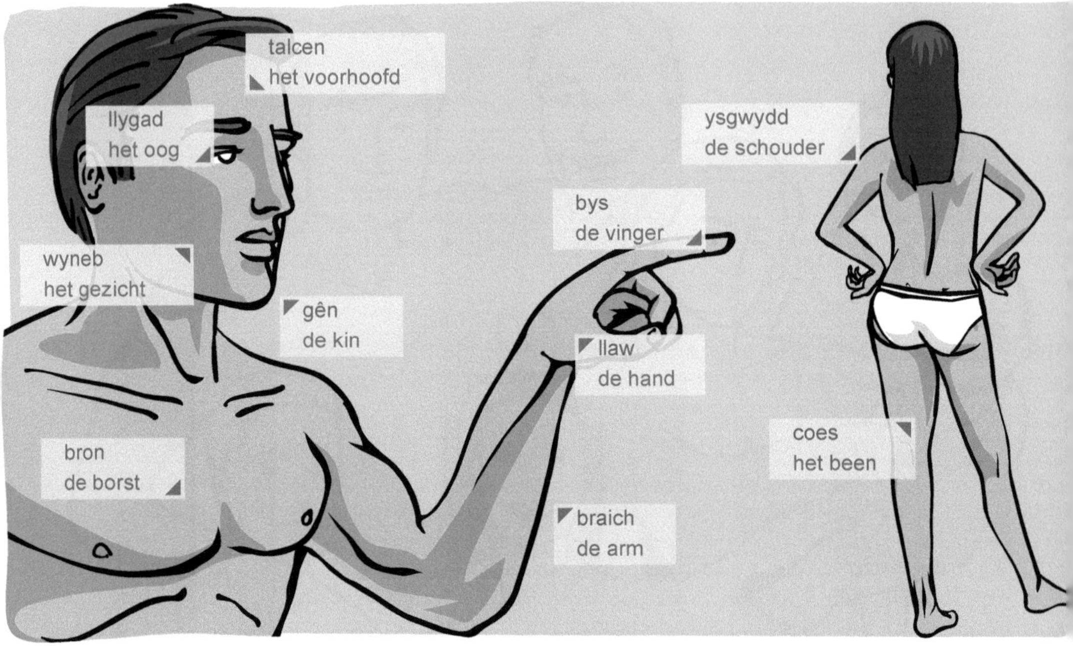

talcen
het voorhoofd

llygad
het oog

ysgwydd
de schouder

bys
de vinger

wyneb
het gezicht

gên
de kin

llaw
de hand

bron
de borst

coes
het been

braich
de arm

baban

de baby

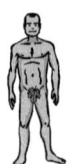

dyn

de man

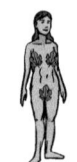

gwraig

de vrouw

geneth

het meisje

bachgen

de jongen

pen

het hoofd

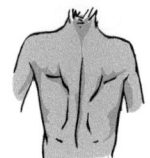

cefn
de rug

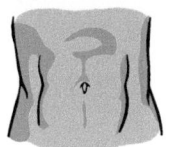

bel
de buik

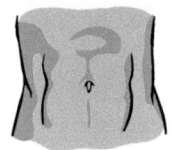

bogail
de navel

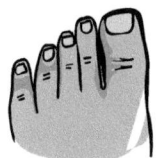

bys troed
de teen

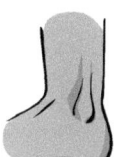

sawdl
de hiel

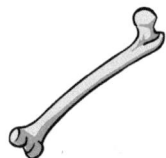

asgwrn
het bot

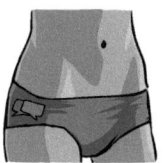

clun
de heup

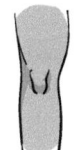

pen-glin
de knie

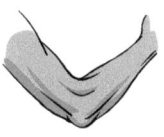

penelin
de elleboog

trwyn
de neus

pen ôl
het achterwerk

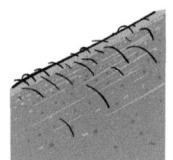

croen
de huid

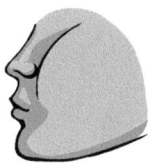

boch
de wang

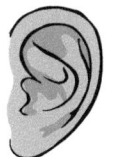

clust
het oor

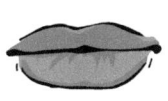

gwefus
de lippen

ceg

de mond

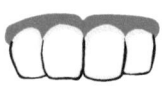

dant

de tand

tafod

de tong

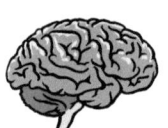

ymennydd

de hersenen

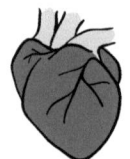

calon

het hart

cyhyr

de spier

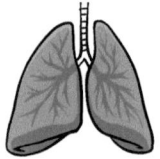

ysgyfaint

de long

iau

de lever

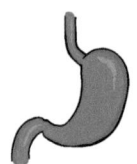

stumog

de maag

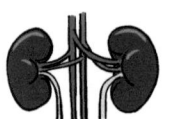

arennau

de nieren

rhyw

de geslachtsgemeenschap

condom

het condoom

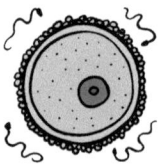

ofwm

de eicel

semen

het sperma

beichiogrwydd

de zwangerschap

corff - het lichaam

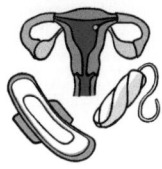

mislif
....
de menstruatie

fagina
....
de vagina

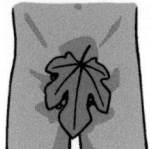

pidyn
....
de penis

ael
....
de wenkbrauw

gwallt
....
het haar

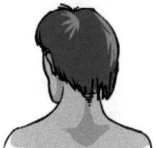

gwddf
....
de hals

ysbyty
het ziekenhuis

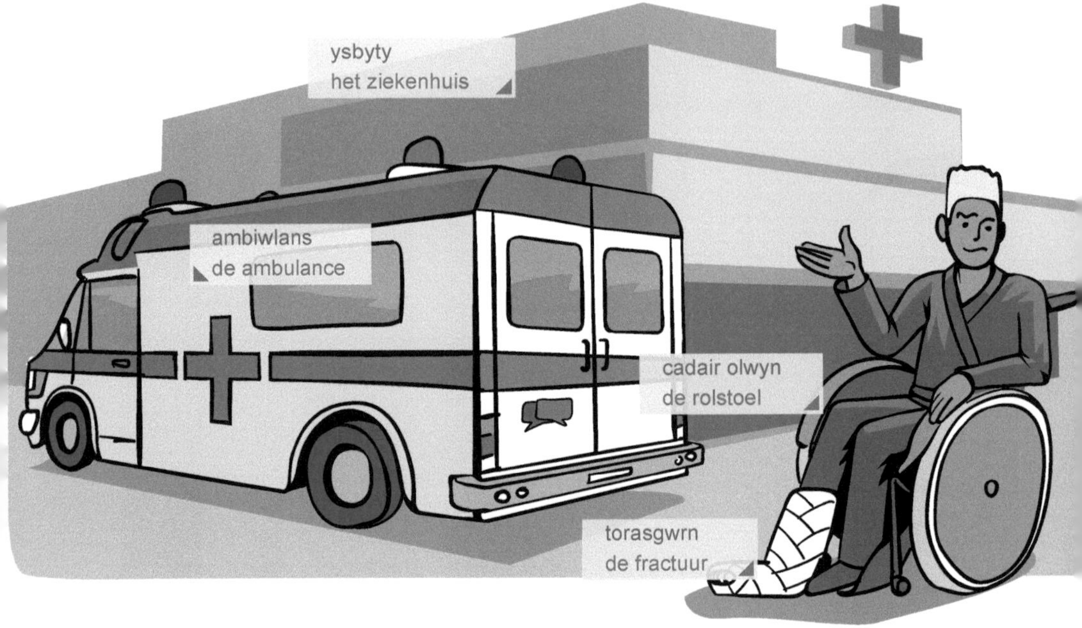

ysbyty
het ziekenhuis
ambiwlans
de ambulance
cadair olwyn
de rolstoel
torasgwrn
de fractuur

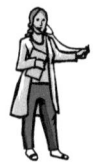

meddyg

de dokter

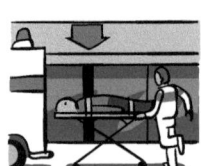

ystafell argyfwng

de EHBO

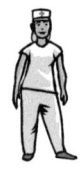

nyrs

de verpleegster

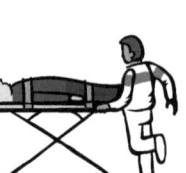

argyfwng

het noodgeval

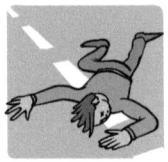

anymwybodol

bewusteloos

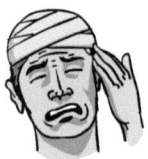

poen

de pijn

anaf

de verwonding

gwaedu

de bloeding

trawiad ar y galon

de hartaanval

strôc

de beroerte

alergedd

de allergie

peswch

de hoest

twymyn

de koorts

ffliw

de griep

dolur rhydd

de diarree

cur pen

de hoofdpijn

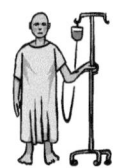

canser

de kanker

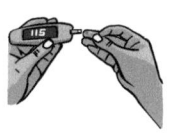

diabetes

de diabetes

llawfeddyg

de chirurg

fflaim

het scalpel

gweithrediad

de operatie

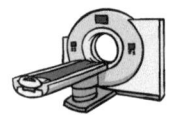

CT

de CT

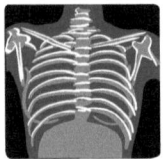

pelydr-x

de röntgen

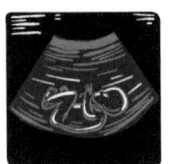

uwchsain

de echografie

mwgwd wyneb

het gezichtsmasker

clefyd

de ziekte

ystafell aros

de wachtkamer

bagl

de kruk

plastr

de pleister

rhwymyn

het verband

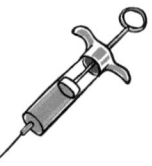

pigiad

de injectie

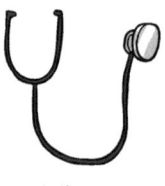

stethosgop

de stethoscoop

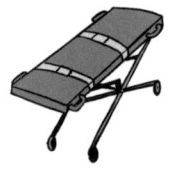

elorwely

de brancard

thermomedr clinigol

de thermometer

genedigaeth

de geboorte

dros bwysau

het overgewicht

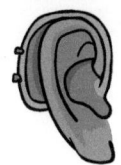

cymorth clyw

het gehoorapparaat

diheintydd

het ontsmettingsmiddel

haint

de infectie

firws

het virus

HIV / AIDS

(de) HIV / AIDS

meddygaeth

het medicijn

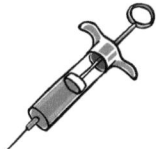

brechiad

de inenting

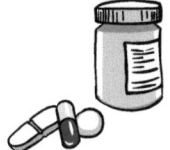

tabledi

de tabletten

y bilsen

de pil

galwad frys

het alarmnummer

monitor pwysau gwaed

de bloeddrukmeter

yn sâl / yn iach

ziek / gezond

Help!

Help!

larwm

het alarm

ymosodiad

de overval

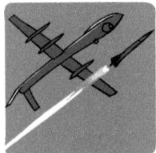

ymosodiad

de aanval

perygl

het gevaar

allanfa argyfwng

de nooduitgang

Tân!

Brand!

diffoddwr tân

de brandblusser

damwain

het ongeluk

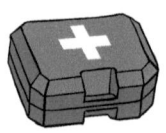

pecyn cymorth cyntaf

de EHBO-koffer

SOS

SOS

heddlu

de politie

Ewrop

Europa

Gogledd America

Noord-Amerika

De America

Zuid-Amerika

Affrica

Afrika

Asia

Azië

Awstralia

Australië

Iwerydd

de Atlantische Oceaan

y Môr Tawel

de Stille Oceaan

Cefnfor yr India

de Indische Oceaan

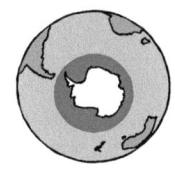

Cefnfor yr Antarctig

de Zuidelijke Oceaan

Cefnfor yr Arctig

de Noordelijke IJszee

Pegwn y Gogledd

de Noordpool

Pegwn y De

de Zuidpool

Antarctica

Antarctica

y Ddaear

de aarde

tir

het land

môr

de zee

ynys

het eiland

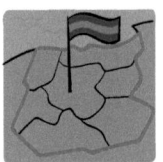

cenedl

de natie

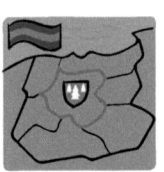

gwladwriaeth

de staat

wyneb cloc

de wijzerplaat

bys awr

de uurwijzer

bys munud

de minutenwijzer

bys eiliad

de secondewijzer

Faint o'r gloch yw hi?

Hoe laat is het?

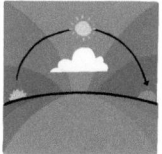

dydd

de dag

amser

de tijd

yn awr

nu

cloc digidol

het digitaal horloge

munud

de minuut

awr

het uur

wythnos
de week

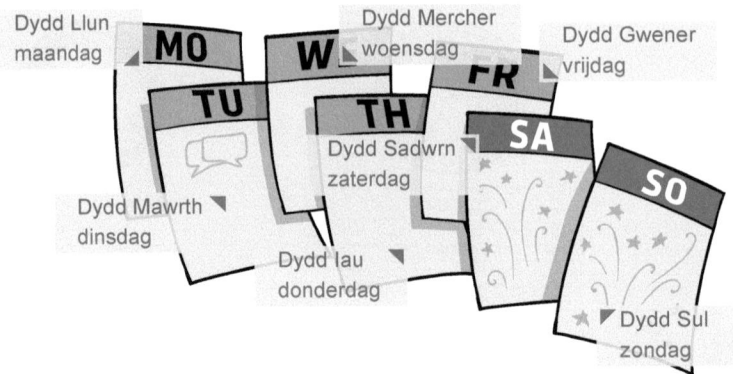

Dydd Llun
maandag

Dydd Mercher
woensdag

Dydd Gwener
vrijdag

Dydd Sadwrn
zaterdag

Dydd Mawrth
dinsdag

Dydd Iau
donderdag

Dydd Sul
zondag

ddoe

gisteren

heddiw

vandaag

yfory

morgen

bore

de ochtend

canol dydd

de middag

noswaith

de avond

MO	TU	WE	TH	FR	SA	SU
1	2	3	4	5	6	7
8	9	10	11	12	13	14
15	16	17	18	19	20	21
22	23	24	25	26	27	28
29	30	31	1	2	3	4

diwrnodiau busnes

de werkdagen

MO	TU	WE	TH	FR	SA	SU
1	2	3	4	5	6	7
8	9	10	11	12	13	14
15	16	17	18	19	20	21
22	23	24	25	26	27	28
29	30	31	1	2	3	4

penwythnos

het weekend

blwyddyn
het jaar

glaw
de regen
enfys
de regenboog
eira
de sneeuw
gwynt
de wind
gwanwyn
het voorjaar
hydref
de herfst
haf
de zomer
gaeaf
de winter

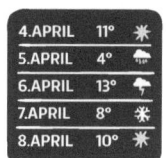

4.APRIL 11°
5.APRIL 4°
6.APRIL 13°
7.APRIL 8°
8.APRIL 10°

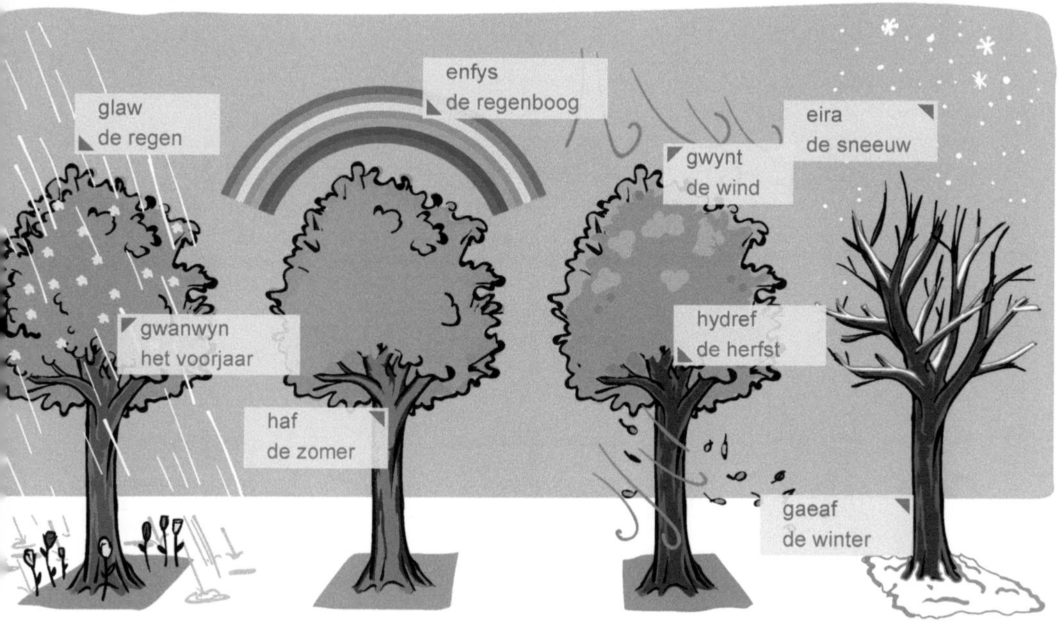

rhagolygon y tywydd

het weerbericht

F
C
120
90
60
30
0
-30
40
30
20
10
0
-10
-20

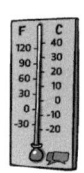

thermomedr

de thermometer

heulwen

de zonneschijn

cwmwl

de wolk

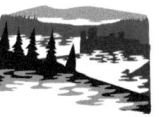

niwl tew

de mist

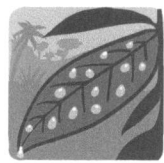

lleithder

de luchtvochtigheid

mellt

de bliksem

taranau

de donder

storm

de storm

cenllysg

de hagel

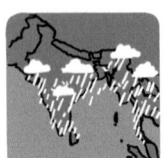

monsŵn

de moesson

llif

de overstroming

iâ

het ijs

Ionawr

januari

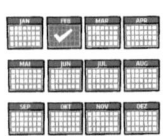

Chwefror

februari

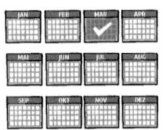

Mawrth

maart

Ebrill

april

Mai

mei

Mehefin

juni

Gorffennaf

juli

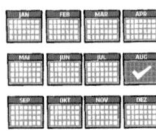

Awst

augustus

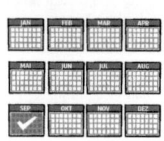

Medi
....
september

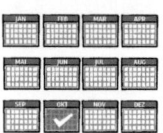

Hydref
....
oktober

Tachwedd
....
november

Rhagfyr
....
december

cylch
....
de cirkel

sgwâr
....
het vierkant

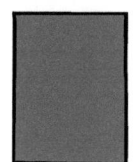

petryal
....
de rechthoek

triongl
....
de driehoek

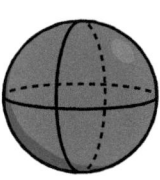

sffêr
....
de bol

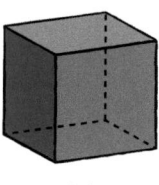

ciwb
....
de kubus

gwyn

wit

melyn

geel

oren

oranje

pinc

roze

coch

rood

porffor

paars

glas

blauw

gwyrdd

groen

brown

bruin

llwyd

grijs

du

zwart

llawer / ychydig

veel / weinig

dig / tawel

boos / rustig

hardd / hyll

mooi / lelijk

dechrau / diwedd

begin / einde

mawr / bach

groot / klein

llachar / tywyll

licht / donker

brawd / chwaer

broer / zus

glân / budr

schoon / vies

gyflawn / anghyflawn

volledig / onvolledig

dydd / nos

dag/ nacht

farw / yn fyw

dood / levend

eang / cul

breed / smal

bwytadwy / anfwytadwy

eetbaar / oneetbaar

drwg / caredig

gemeen / aardig

llawn cyffro / diflasu

opgewonden / verveeld

tew / tenau

dik / dun

cyntaf / olaf

eerste / laatste

cyfaill / gelyn

vriend / vijand

llawn / gwag

vol / leeg

caled / meddal

hard / zacht

trwm / ysgafn

zwaar / licht

wedi newynnu / yn sychedig

honger / dorst

yn sâl / yn iach

ziek / gezond

anghyfreithlon / cyfreithiol

illegaal / legaal

deallus / twp

intelligent / dom

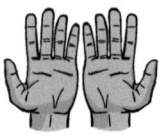

chwith / dde

links / rechts

agos / pell

dichtbij / ver

newydd / wedi'i ddefnyddio

nieuw / gebruikt

dim / rhywbeth

niets / iets

hen / ifanc

oud / jong

ymlaen / i ffwrdd

aan / uit

ar agor / ar gau

open / gesloten

tawel / uchel

zacht / luid

cyfoethog / tlawd

rijk / arm

cywir / anghywir

goed / fout

garw / llyfn

ruw / glad

trist / hapus

verdrietig / gelukkig

byr / hir

kort / lang

araf / cyflym

langzaam / snel

gwlyb / sych

nat / droog

cynnes / claear

warm / koel

rhyfel / heddwch

oorlog / vrede

0

sero

nul

1

un

één

2

dau

twee

3

tri

drie

4

pedwar

vier

5

pump

vijf

6

chwech

zes

7

saith

zeven

8

wyth

acht

9

naw

negen

10

deg

tien

11

un deg un

elf

12

un deg dau

twaalf

13

un deg tri

dertien

14

un deg pedwar

veertien

15

un deg pump

vijftien

16

un deg chwech

zestien

17

un deg saith

zeventien

18

un deg wyth

achttien

19

un deg naw

negentien

20

dau ddeg

twintig

100

cant

honderd

1.000

mil

duizend

1.000.000

miliwn

miljoen

de talen

Saesneg

Engels

Saesneg America

Amerikaans Engels

Tsieinëeg Mandarin

Chinees Mandarijn

Hindi

Hindi

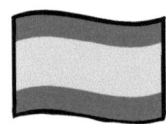

Sbaeneg

Spaans

Ffrangeg

Frans

Arabeg

Arabisch

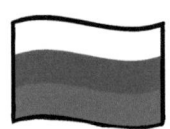

Rwseg

Russisch

Portiwgaleg

Portugees

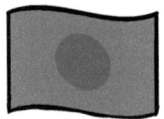

Bengali

Bengalees

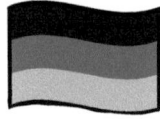

Almaeneg

Duits

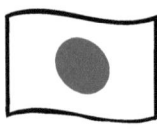

Siapanaeg

Japans

fi
....
ik

ti
....
jij

ef / hi
....
hij / zij / het

ni
....
wij

chi
....
jullie

nhw
....
zij

pwy?
....
wie?

beth?
....
wat?

sut?
....
hoe?

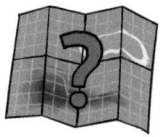

ble?
....
waar?

pryd?
....
wanneer?

enw
....
de naam

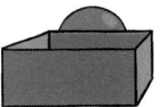

y tu ôl i

achter

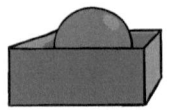

yn / yng / ym / mewn

in

o flaen

voor

dros

boven

ar

op

dan

onder

wrth ochr

naast

rhwng

tussen

lle

plaats